Wilhelm Fleer

Das Boot im Sitz des Lebens

Wilhelm Fleer

Das Boot im Sitz des Lebens

Wir sitzen alle in einem Boot

Fromm Verlag

Imprint

Any brand names and product names mentioned in this book are subject to trademark, brand or patent protection and are trademarks or registered trademarks of their respective holders. The use of brand names, product names, common names, trade names, product descriptions etc. even without a particular marking in this work is in no way to be construed to mean that such names may be regarded as unrestricted in respect of trademark and brand protection legislation and could thus be used by anyone.

Cover image: www.ingimage.com

Publisher:
Fromm Verlag
is a trademark of
Dodo Books Indian Ocean Ltd. and OmniScriptum S.R.L publishing group

120 High Road, East Finchley, London, N2 9ED, United Kingdom
Str. Armeneasca 28/1, office 1, Chisinau MD-2012, Republic of Moldova, Europe
Printed at: see last page
ISBN: 978-613-8-37913-3

Einführung

Wir sitzen alle in einem Boot

Die Vorstellung, einmal andere Länder und die Menschen mit deren Kultur kennenzulernen, weckte bei den Menschen vor langer Zeit einen alten Sehnsuchtstraum. Die unvorstellbaren Dimensionen der Weltmeere waren wohl verantwortlich für diesen heimlichen Traum, über die Meere fahren zu können. Die ingenieurmäßigen Kenntnisse und das Verhalten der tiefen Wassermassen waren noch ganz am Anfang der wissenschaftlichen Erforschung. Der Schiffsbau war über viele Jahrhunderte nicht in der Lage, die notwendigen technischen Voraussetzungen bereitzustellen. Die Sehnsucht der Menschen nach der weiten und anderen Welt blieb jedoch ungebrochen. Durch den weltweiten Handel mit Lebensmitteln und mit den Dingen des täglichen Gebrauchs ist die Entfernung der Länder gefühlt immer kürzer geworden. Nichts konnte die Menschen von der Neugierde und dem Wunsch, mehr über die weit entfernten Länder und über die Menschen zu erfahren wirklich fernhalten. Die Faszination, andere Kulturen zu erleben, hat Menschen immer schon beseelt. Die Sehnsucht war im Herzen schon immer da und das ist immer noch so. Die Neugierde ist ein Gottesgeschenk. Sie ist der Motor und der Grund für Menschen und Tiere Neues zu erkunden. Die Neugierde ist vor allen Dingen der Schlüssel für alles Unbekannte. So darf es nicht verwundern, dass viele Türen aufgeschlossen und hinterfragt werden können. Die Neugierde hat den Menschen nicht nur Türen geöffnet, sondern ist auch ein Inspirator für viele bahnbrechenden Erfindungen in der Physik und im nautischen Ingenieurwesen. Das Boot kann ein Bild sein für unsere gemeinsamen Bedürfnisse. Es zeigt uns Lösungen auf für viele unterschiedliche Fragen und Notwendigkeiten. So ist das Boot in ihrer Vielfallt auch ein Schlüssel für unsere Neugierde. Durch das kollektive Handeln und die gemeinschaftliche Lösungssuche bekommt die Neugierde eine sinnstiftende Bedeutung. Sie macht Mut und gibt uns Sicherheiten, wenn Gefahr in Verzug ist.

Das Boot im übertragenen Sinne kann für die Menschen in vielerlei Hinsicht ein Gemeinschaftsort und eine Streitarena bedeuten. Meinungsverschiedenheiten gehören zur ehrlichen Auseinandersetzung, welche auch in Gefahren Rettung gewährleisten kann. Lange vor unserer Zeit war es nicht möglich, fremde Länder auf dem Wasserweg zu erreichen, dieses war nur den Abenteurern vorbehalten. Hauptsächlich waren dafür die tiefen Wasser und das fehlende Wissen über die Naturkräfte und deren Dynamik verantwortlich. Die weiten und tiefen Wasserflächen konnten mit den bekannten maritimen und nautischen Messinstrumenten nicht sicher bestimmt werden. Ingenieure der verschiedenen Fachrichtungen haben schließlich über viele Jahre geforscht und nach Lösungen gesucht. Das Ergebnis der maritimen Forschung macht es heute möglich, dass wir sicher über weite und tiefe Wasserflächen fahren können. Die Sehnsucht der Menschen nach der weiten und der unbekannten Welt hat aber nicht darunter gelitten. Durch den Handel mit Lebensmitteln und den Dingen des täglichen Gebrauchs sind die weiten und fremden Länder uns immer nähergekommen und deren Lebensvollzüge immer nachvollziehbarer. Die Sehnsucht nach der großen weiten Welt hat die Menschen viele Jahrhunderte umgetrieben. Die Faszination des Unbekannten war zu allen Zeiten ein Momentum des Staunens und der Unfassbarkeit. Das Erlernen fremder Sprachen und das Studium fremder Örtlichkeiten konnten vielerorts beobachtet werden. Mit dem modernen Schiffsbau und einer touristisch orientierten Strategie hat sich ein noch nie dagewesener Tourismuszweig entwickelt, den man sich so sicher nicht erwarten konnte. Es sind gute und viele innovative Formen der Erholung und der Freizeitmöglichkeiten geschaffen worden.

Die Konstrukteure und Ingenieure der Schiffbautechnik und der Ausgestaltung der Schiffe im Einzelnen planen und bauen heute Kreuzfahrtschiffe der Superklasse. Es fehlt an Nichts. Die Kreuzfahrtschiffe werden an anderer Stelle noch etwas näher zu betrachten sein.

Das vorliegende Büchlein *"Das Boot im Sitz des Lebens"* möchte uns mit einigen Gedanken und persönlichen Erfahrungen mitnehmen und neugierig machen. Es sind Überlegungen, die unser Verständnis für das gemeinsame Erleben in einem Boot verdeutlichen und den Blick schärfen sollen für ein gutes, kollektives Leben in den vielen Booten, die uns das Leben bereithält. In einem Boot zu sitzen, bedeutet zunächst, sich in der Boots-Gemeinschaft einen Platz zu suchen und sich als Mitglied zur Verfügung zu stellen. Das Boot fordert von jedem Mitglied eine selbstkritische Einschätzung seiner einzubringenden Fähigkeiten. Jeder sollte über und um seine Fähigkeiten und seine Schwächen wissen und darüber mit allen Bootsmitglieder sprechen. Je kleiner die Zahl der Besatzung ist, desto größer wird sich das Maß der kollektiven Aufgabenstellungen darstellen. Egoismus führt schnell zu unkontrollierbaren Reaktionen. Überreaktionen können jedes Boot und auch die Besatzung in große Gefahr bringen. Das Leben auf einem Boot erfordert Disziplin und Achtsamkeit. Das Bootfahren mit mehreren Personen ist in jeder Hinsicht ein zutiefst kollektives Unternehmen. Es gibt auch keine 1.Klasseplätze. Für ein sicheres Fahren mit einem Boot ist der Wille, sich ganz der Gemeinschaft im Boot verantwortlich und verlässlich einzusetzen von sehr großer Bedeutung. Die Bibel berichtet an verschiedenen Stellen von Bootgeschichten. Ich möchte zunächst mit dem ersten und dem kleinsten Boot beginnen. Im Überblick der unterschiedlichsten Bootsformen liegt mir das Boot der Familie ausnahmslos am meisten am Herzen. Das Leben und das Bewegen auf einem kleinen Paddelboot stellen an die mitfahrenden Personen ganz besondere Ansprüche. Für alle beteiligten Personen in einem Familienboot sollte die Gemeinschaft als sinnstiftendes Moment der Leitfaden sein. Die Bootsgemeinschaft einer Familie kann sich im laufe der Zeit zahlenmäßig verändern. Das bedeutet bei der Betrachtung des Familienbootes, dass eine gewisse Dynamik und vermehrte Aufmerksamkeit erforderlich werden. Es ist für uns von allen anderen Bootsformationen das Boot, mit dem wir uns am ehesten identifizieren können und es berührt uns wohl deshalb so sehr, weil es die Wiege jeder Familie darstellt. Das Boot und die Gemeinschaft sind für jede Form des Zusammenlebens wichtige Indikatoren. Nicht nur für Christen kann der Gedanke einer Bootsgemeinschaft sinnstiftend und über Grenzen hinweg Freundschaften fördern.

Das Familienboot

Das kleinste und dem Menschen als Hilfe dienende Boot ist permanent den Wünschen und den Erwartungen der Bootsmitglieder (kleine Familie) ausgesetzt. Viele Wünsche haben in dem Boot der Familie keinen Platz. Sie übersteigen vielleicht das gemeinsame Budget oder finden keine allgemeine Zustimmung. Auch kann schon ein Missverständnis zur Zerreißprobe werden und eine kleine Welle sich dann schnell zur Familientragödie entwickeln. Verbindliche Absprachen helfen so manche Missverständnisse aus dem Wege zu gehen. Zu den finanziellen Überforderungen möchte ich noch ein wichtiges Detail für alle Mitfahrer deutlich ansprechen. Jeder Einsatz für die Familie ist mit Geld nicht zu bezahlen. Jeder persönliche Einsatz auf dem Familienboot ist wichtig und so auch für die Gemeinschaft gedacht. Die Familie versteht sich nicht als eine Ansammlung von Einzelpersonen. Die Familie ist wohl das kleinste Boot, in dem jeder Einzelne durch sein Engagement sein ganz persönliches Maß an Einsatz für das Gelingen im Boot der Familie einbringen kann. Es ist aber auch das sensibelste und kostbarste aller Bootsformationen. Das Leben als Familie innerhalb des Verfügungsraumes z.B. in einer kleinen Wohnung, muss gut organisiert sein. Es müssen bestimmte Regeln und Verhaltensweisen für alle Familienmitglieder Geltung haben. Das eigentliche Verständnis hinter jeder Gruppe ist das achtsame Mitgefühl und das gemeinsame Teilen und Tun. Das Boot kann für das Miteinander im Familienverband eine wichtige Säule des Zusammenstehens und der Geschlossenheit darstellen. Das Boot ist ein Übungs-und Turnierplatz für ein gutes und anspruchsvolles Miteinander. Die zu Verfügung stehende Fläche auf einem Boot ist überschaubar und gering bemessen. Jeder Schritt und jedes Handeln auf einem kleinen Boot sollten gut bedacht sein. Das Achtgeben aufeinander ist die Maxime in jeder Bootskonstellation. Für die Familie bedeutet das vor allem, dass jeder seinen Platz im Familien-Boot finden muss.

Die vielen Verzahnungen und Notwendigkeiten können eigentlich nur im Team gemeinsam und mit einer klaren Ansage erledigt werden. So oder so ähnlich funktioniert die Familie. Für alle möglichen Situationen kann es nie immer auch gleich und sofort Lösungen geben.

Ich möchte nicht verhehlen, dass viele Abläufe und Notwendigkeiten auf einem Boot erst einmal einer Übungsphase bedürfen. Jeder sollte seinen Platz zunächst finden und dann einnehmen, im häuslichen wie im maritimen Bereich. Die Vorstellung vom Boot als Grundlage für unser aller Zusammenleben auf dem Globus hat unser Schöpfergott für uns entworfen. In der Schöpfungsgeschichte lesen wir zunächst von zwei Personen. Es ist die Rede von Adam und Eva. Zwei unterschiedliche Persönlichkeiten als Mann und Frau. Diese unterschiedlichen Personen machen uns darauf aufmerksam, dass es ein Korrektiv geben sollte. Das muss nicht zwangsweise der Partner oder die Partnerin oder jemand aus dem Bekanntenkreis sein. So wie es in jeder Beziehung oder Familie unterschiedliche Sichtweisen und Standpunkte gibt, ist es entsprechend auch auf oder in einem Boot. Wenn im Zusammenspiel der unterschiedlichen Charaktere und der persönlichen Vorstellungen gute und förderliche Entscheidungen getroffen werden, ist dieses zunächst als positiv für die Bootsgemeinschaft zu werten. Es kann nur ein Entwurf für unser friedliches Leben in Gemeinschaft hier auf der Erde sein. Alle Menschen sind angesprochen und eingeladen, dem Bild vom Boot mit den verschiedenen Konturen, Leben einzuhauchen. Das Bild vom Boot des Lebens, in dem Menschen sitzen, kann nicht sinken, wenn die Menschen sich gegenseitig achten und aufeinander schauen. Unser Schöpfer Gott hat uns Regeln für das Zusammenleben aufgezeigt und Grenzen für unser Tun deutlich gemacht. Das Bild vom Boot ist ein Gedanke Gottes in dem

Sinne, dass ihm ein gutes Zusammenleben am Herzen liegt. Gottes Plan von einer Familie dürfen wir uns entspannt als eine Bootsgemeinschaft vorstellen. Wir alle sind Kinder Gottes, der jeden ins Leben führt und alle Voraussetzungen schafft, damit das Leben gelingen kann. Der Mensch ist durch das Geschenk des Lebens ein Mitarbeiter Gottes auf Erden geworden. Jedes Leben ist ein Gedanke Gottes. Der Eintritt in das Erdenleben beginnt für jeden mit einer unübersehbaren komplexen Wirklichkeit. Jede Kleinigkeit erfordert Hilfe. Der normale Alltag empfängt uns mit jedem Lebensalter stärker und gnadenloser.

Alles muss bezahlt werden z.B. mit harter Münze oder mit der Gesundheit. In dieser Situation der belastenden Wirklichkeitsbewältigung stehen wir oft genug allein auf weiter Flur. Wenn dann auch noch gute Freunde sich verabschieden aus welchen Gründen auch immer, dann ist es Zeit innezuhalten. Unser Schöpfer hat uns in diese Welt gestellt und wir wurden nicht gefragt ob uns das gefällt oder nicht.

Jeder neue Erdenbürger hat in den folgenden Jahren die Möglichkeit, sich sein Leben stetig und bedacht einzurichten. Gott kennt die Welt, die er ja so gewollt hat. Unser aller Leben wird gesteuert und geführt von einem guten Gedanken Gottes. Dieser Gedanke ist in jeder Bootsvariation beheimatet und in jeder Bootsgemeinschaft eine Überlebensform. Es geht im weitesten Sinne um die Nächstenliebe. Es geht um die Liebe. Wer den nächsten nicht achtsam entgegentritt und nur egoistisch denkt und handelt, der hat den Wert der Nächstenliebe nicht verstanden. Das Leben an sich hat jede Art von Hochachtung verdient. Die ganze Menschengemeinschaft ist immer und immer wieder eingeladen, den Gedanken Gottes von der Bootsgemeinschaft in den unterschiedlichsten Formaten anzunehmen und nach Kräften zu fördern. Eigentlich gibt es keine Alternative zur Nächstenliebe. Wir Menschen sind auf Mitmenschen angewiesen. Niemand ist allein und nur auf sich gestellt auf Dauer überlebensfähig. Auch deshalb sind das Prinzip und die Bedeutung der Nächstenliebe so wichtig für das kollektive Bewusstsein. Die Familie als kleinste Bootsbesatzung ist der Prototyp für eigentlich alle Gruppen und Gemeinschaften. An der Art und Weise der gelebten Nächstenliebe steht oder fällt jede Bootsarchitektur. Das Hören aufeinander und das gemeinsame Schlagen der Herzen für eine gute Idee zeigt eine zufriedene Bootsgemeinschaft. Ich möchte nicht die allerkleinsten Bootsmitglieder im Familienboot zu See oder zu Lande vergessen zu erwähnen. Meine Gedanken sind bei den Allerkleinsten, die Embryonen genannt werden und die schon wenige Tage älteren Föten, die schon vom Kreislauf der Mutter versorgt werden. Dieses Boot der größten Geborgenheit und der Sicherheit verdient es nicht unterschlagen zu werden. Die Geborgenheit und Sicherheit für viele äußerliche Unwegsamkeit hat unser aller Schöpfergott in unvorstellbarer Genialität und mit Weitsicht entworfen und uns geschenkt. Das kleine Boot für uns Menschen im Bauch der Mutter ist mehr als ein Geschenk.

Dort beginnt eine Explosion für das weitere Leben und es ist eine Ideenschmiede für viele weitere Enddeckungen und neue Visionen und Inspirationen. In diesem kleinsten Boot sitzen kleine Menschen, die noch Vieles lernen müssen aber schon alle notwendigen Funktionen und Verbindungen mit sich tragen. Unser Beitrag als Vater und als Mutter oder als Bekannter ist die Begleitung und die Hilfestellung zu geben, die benötigt werden.

Das politische Boot

Auch im politischen Alltag spielt das Boot eine wichtige Rolle. Die gewählten Abgeordneten haben ein politisches Mandat erhalten, welches sie zu vertreten haben. Sie setzen sich mit den Stimmen der WählerInnen ein, das partei- politische Programm im Parlament durchzusetzen. Für einen positiven Ausgang der Debatten ist es wichtig, möglichst viele Abgeordnete zu überzeugen, damit das Parteiprogramm als die einzig richtige und zukunftsweisende Wahl ist. Die Vertreter der unterschiedlichen Parteien versuchen im Vorfeld, möglichst viele Bürger durch ihr Programm als Gleichgesinnte in ihr politisches Boot zu bekommen. Nur so ist das Boot ein wichtiges Mittel bei der politischen Arbeit. Nur wer die meisten Stimmen hat, ist in der Lage sein politisches Boot in die Zukunft zu steuern. In der Politik ist ein gutes und geschlossenes Klima für ein zielführendes Arbeiten unbedingt notwendig. So ist das Boot in der Politik ein wichtiger Baustein in allen Gremien und nicht zuletzt auch im Bundestag. Die Anordnung der Sitzplätze in den meisten Sitzungsräumen haben eine unverwechselbare Ordnung. Die Idee im parlamentarischen Raum, die Aufteilung der Sitzgruppen in einem Bereich des Wortes und in einem der Auseinandersetzung aufzuteilen, liegt einer Überlegung zugrunde. Zum einen können alle Abgeordnete und Besucher im Plenum die Reden der Abgeordneten und das Ermahnen und das Hinweisen der Parlamentspräsidenten gut verfolgen. Zum anderen kennt im Plenum jeder seinen Platz. Diese Sitzordnung ist nach den unterschiedlichen Parteizugehörigkeiten gut sichtbar zu unterscheiden.

Im weitesten Sinne haben wir es in jedem Plenumsraum mit einer anderen Bootsarchitektur zu tun. Die Idee hinter jeder Art von Bootsarchitektur bleibt die Gleiche. Vor allen Dingen kann sie auch nur funktionieren, wenn die Aktivisten auf dem Schiff oder zu Lande im politischen Raum das gemeinsame Tun und die Wertschätzung aller Bootsmitglieder würdigen. Der Kanzler oder die Kanzlerin dürfen an einer exponierten Stelle im Plenumssaal Platznehmen. Als politischer Kapitän und Kapitänin finde ich das angebracht und dem Amt endsprechend angemessen.

Der Kanzler wie auch der Kapitän auf der Brücke eines Schiffes sind beide mit einer großen Verantwortung für die Sicherheit der vielen Menschen betraut worden. Kein anderer kann ihnen die übertragene Verantwortung abnehmen. Ich persönlich habe einen sehr großen Respekt vor der Aufgabenlast und der politischen wie auch der maritimen Verantwortung für sehr viele Menschen.

Das Boot im Sport

Im gesamten sportlichen Bereich und ganz besonders im Mannschaftssport hat das „Boot" seinen Platz. Der Mannschaftssport pflegt in seiner ganzen Breite eine besondere Bootsformation. Der Gemeinschaftsgedanke ist in besonderer Weise im Mannschaftssport beheimatet. Dort ist es wichtig und sportlich geboten, dass jeder Spieler alle Mitspieler im Blick haben sollte. Die Spieler können nur als Sieger vom Platz gehen, wenn alle Akteure immer das ganze Spiel und die Mannschaft im Blick behalten. In dem Mannschaftsspiel zählt nicht nur die Einzelaktion. Viel wichtiger und effektiver sind gut durchdachte und als Team vorbereitete Abschlüsse. Wichtig scheint mir anzumerken, dass im Spiel der Teamgedanke wesentlich zum Erfolg beiträgt. Im Mannschaftssport muss sich jeder auf seinen Mitspieler verlassen können. Alle Spieler sitzen zusammen im Boot. Verantwortlich für Sieg oder Niederlage sind alle. Vielleicht trägt diese kollektive Verantwortung auch dazu bei, dass es so viele Sportvereine und Clubs gibt.

Das Gefühl zu haben, ein wichtiges Zahnrad im Getriebe der absoluten Konzentration und des positiven Verlaufs des Rennens zu sein, macht den Sieg in einem Rennen zum sportlichen Höhepunkt. Es ist auch der Lohn für die vielen Stunden kräftezehrender Anstrengungen und Entbehrungen. Der Gemeinschaftsgedanke ist im Profil der sportlichen Auseinandersetzungen ein gesetztes Selbstverständnis. Der Erfolg über Sieg oder Niederlage ist verbunden mit der mentalen und der homogenen Einheit der Mannschaft im Boot. Die unterschiedlichen Charaktere müssen im Verbund funktionieren.

Der Einklang im Wollen und die Gemeinschaft der unterschiedlichen Mentalitäten werden den Unterschied machen. Nur als eine geschlossene Gruppe kann am Ende der Sieg stehen. Diese Einheit und

Geschlossenheit stellen sich nicht auf einen Knopfdruck ein. Es benötigt Zeit, Ausdauer, Bereitschaft sich einzubringen und den unbedingten Willen, das Rennen zu gewinnen. Manchmal sind es Hundertstelsekunden, die den Sieg vom Misserfolg trennen. Der Sieg nach Punkten, Sekunden, Metern oder nach irgendwelchen anderen Parametern ist immer mit sehr vielen Emotionen verbunden. Bei all den positiven Emotionen sollten wir den Schmerz bei den Niederlagen nicht unterschlagen. Auch eine Niederlage kann Kräfte freisetzen, die für eine nächste Auseinandersetzung zum Sieg führen kann. Nur, den Kopf in den Sand stecken, ist keine gute Option.

Das Boot der Ruderer

Das Ruderboot mit zwei und mehr Ruderern verlangt ganz präzise Koordinationen. Ich bin beim Zuschauen solcher Bootsrennen sehr erstaunt über die enorme und passgenaue Schlagfolge in derlei Bootformationen. Die Akteure in den Booten müssen in Sekundenschnelle ein genaues Eintauchen der Paddel gewährleisten Als Zuschauer solcher Rennen fasziniert mich die Präzision der Schlagtakte und der uhrwerkähnlichen eintauche. Diese Präzision bei den Schlägen ist nur erreichbar, wenn jeder Ruderer im Boot instinktiv im Chor der ganzen Mannschaft funktioniert. Damit auch Siege und Erfolge errungen werden können, muss jedes neue Rennen im Kollektiv der Mannschaft wieder erneut trainieren. Im Rennen um Medaillen muss sich jeder und jede auf seine Bootsmannschaft mental und emotional einstellen können. Ob bei einem oder bei zwei Sportkammeraden, jeder muss sich auf den anderen verlassen können. Jede sportliche Betätigung geht mit einer Disziplin einher.

Wie auch in anderen Lebensbereichen kann die Disziplin das Entscheidende auf den Punkt bringen. Das Boot erinnert uns daran, dass wir uns nur dann als Teamplayer bezeichnen können, wenn wir alles, was wir für uns und für unsere Mitmenschen tun und die Hilfe leisten, die gebraucht wird. Der Teamgeist ist ein starkes Momentum und ist im Stande unvorstellbare Leistungen zu generieren. Das Boot wird auch gerne als die „Nussschale "bezeichnet. Sie trifft als neue Wortschöpfung im weitesten Sinne gut das Boot. Bei Sturm und Unwetter ist für die Besatzung eines Bootes äußerste Vorsicht geboten. Diese Vorsicht gilt es bei allen Bootsvarianten zu bewahren. Das kleine Familien- Boot muss auch stürmische Zeiten im übertragenen Sinne standhalten. Ob in der Familie oder im Sport oder auch in der Politik, das Boot sorgt in jedem Fall immer für Herausforderungen. Es gibt keine Nische, wo man sich verstecken kann. Das Leben gibt es nicht ohne Herausforderung. Der Grund dafür mutet uns das Leben zu. Das Boot hält uns von bösen Überraschungen fern. Im Boot teilen wir unser aller Schicksal. Egal welche Art von Konstellation das Boot hat, es bindet Gegensätzliches zu einem Band der Geschlossenheit und der Stärke. Voraussetzung ist nur ein gemeinsames „Wirgefühl" der gegenseitigen Wertschätzung und des Vertrauens.

Wir Menschen sind gezwungen uns im Boot zu solidarisieren mit den Menschen um uns herum. Die Bootsplanken schützen uns, wenn Gefahr droht. Genau genommen leben wir und bewegen uns ständig in einem Boot. Wenn wir nicht untergehen wollen im Dschungel des Lebens, sollten wir uns solidarisieren mit unseren Mitmenschen, die uns eine Hoffnung auf bessere Zeiten schenken. Das Boot der Solidarität muss nicht neu erfunden werden. Das Ruderboot ist wie kein anderes Boot schön anzusehen und kann nur zum Sieg fahren, wenn alle solidarisch im Takt rudern. Das Ruderboot signalisiert uns eindrucksvoll die geballte Kraft, die sich in den Schlägen bündelt. Grazie und mit Schnelligkeit gepaarte Kraft bringt das Anschauen der Boote zum Augenschmaus.

Das Unterseeboot oder auch U-Boot genannt

Das U-Boot ist ein strategisches Unterwasserboot der Marine. Ihre militärische Mission versteht sich hauptsächlich in der Erkundung und Aufklärung feindlicher Militärschiffe und deren Eliminierung im Kriegsfall. Die Ortung fremder Boote und im Kriegsfall deren Eliminierung gehört zur Aufgabenstellung der U-Boote. Einige U-Bootexemplare können bis zu 6500m Tiefe tauchen. Es gibt auf der ganzen Welt konventionelle und auch Atom-U-Boote. Inzwischen hat die Freizeit- und Urlaubsbranche eine lukrative Nische im Unterseebereich entdeckt. Es gibt mittlerweile einige Anbieter, die Unterseefahrten anbieten. Ich möchte derartige Freizeitaktivitäten eher mit zurückhaltigem Respekt begegnen. Auf der anderen Seite suchen die Menschen den Nervenkitzel. Es hat schon ein wenig den Anschein, als wäre Alles möglich zu Wasser und zu Lande. Ja, es ist schon eine Menge möglich im Freizeitbereich. Es scheint schon so, als wäre der „Blaue Planet" und jede Örtlichkeit auf dem Grund der Weltmeere für den Tourismus freigegeben. Viele dieser Visionen vom absoluten Tourismus zu Lande und zu Wasser haben die Konstrukteure und Ingenieure mit den Kapitänen der Lüfte und der Meere möglich gemacht.

Auf der 1. Seite im Buch Genesis steht ganz am Anfang:

„Im **Anfang** *erschuf Gott Himmel und Erde.*

Die Erde war wüst und wirr und Finsternis lag über der Urflut und Gottes Geist schwebte über dem Wasser. Gott sprach: Es werde Licht. Und es wurde Licht. Und Gott schied das Licht der Finsternis. Und Gott nannte das Licht Tag und die Finsternis nannte er Nacht. Es wurde Abend und es wurde Morgen: erster Tag."

Diese ersten Sätze aus der Bibel sind für uns Menschen überlebenswichtig. Jedes Lebewesen benötigt Wasser, um zu überleben. Genauso sind wir auf Tag- und Nachtzeiten angewiesen... Der Schöpfer Gott hat an Alles gedacht.

Ein an Gott glaubender Mensch darf sich sicher und behütet wissen auf der Erde und auf dem Wasser. Ganz zu Beginn sagt die Schrift: ***Und Gottes Geist schwebte über dem Wasser***.

Ich denke, jeder spürt in dieser Zusage eine wohlwollende Annahme unserer Zweifel und Ängste. Ich bin fest davon überzeugt und glaube daran, dass Gott uns nicht aus den Augen verliert. Wenn sein Geist uns begleitet, dann sollten unsere Ängste auch im Bereich des maritimen Agierens in welcher Form und Art auch immer ein erträgliches Ausmaß einnehmen. Wie auch zu Lande ist Vorsicht und Sicherheit immer oberstes Gebot.

Die Frage nach einer anderen Möglichkeit, sich im Wasser zu bewegen, scheint mir legitim. Es ist immer schon darum gegangen, sich im Wasser und im Leben über Wasser zu halten. Es ist zweifellos eine Wortspielerei, die einen Sitz im Leben gefunden hat. Welche Antworten gibt es auf die Frage: Ist das Boot alternativlos? Diese Frage ist meiner Meinung nach nicht aus heutiger Sicht und absolut zu beantworten. Das Boot hat über viele Jahre unterschiedlichste Ausformungen erfahren. Ich kann mir in einzelnen Bereichen durchaus noch Innovationen vorstellen. Die Technik und damit auch die Entwicklung im konstruktiven, wie im ingenieurmäßigen Sinne werden auf jeden Fall eine Weiterentwicklung erfahren.

Ich kann mir zumindest keinen Stillstad der Forschung im maritimen Raum vorstellen. Solange menschliches Geschick und diverse Elektronik zur Schifffahrt erforderlich sind, werden Bootsbesatzungen notwendig sein.

Um auf den Wasserstraßen der Erde fremde Länder und Kulturen kennenzulernen, braucht es moderne und komfortable Schiffe. Als Teilbereich der Seefahrt bezeichnet man die Handelsschifffahrt auch als Schiffe der christlichen Seefahrt. Dabei ist das berühmteste Schiff der maritimen Kulturgeschichte die **Arche Noah**.

Die Arche wird im Buch G E N E S I S als „Bereschit" bezeichnet (Im Anfang).

Das Buch: Genesis geht den Herkünften des Buches Genesis und deren Bedeutung in Bezug auf „Herkunft und Entstehung" nach. Das 1. Kapitel erzählt uns von der Erschaffung der Erde.-Im Anfang erschuf Gott Himmel und Erde. Die Erde war wüst und wirr und Finsternis lag über der Ur-flut und Gottes Geist schwebte über dem Wasser.-Gott sprach: es werde Licht und es wurde Licht. Gott sah, dass das Licht gut war.

Es folgt die Geschichte der Menschen im Garten Eden mit dem Sünden-Fall der Menschen. Im 6. Kapitel suchte Gott Noach aus, damit er der verdorbenen Welt entsagen und ein neues Leben beginnen konnte. Die Sintflut war der Anfang von Gottes Säuberung an der sündigen

Menschheit. Gott erwägt einen radikalen Neuanfang für alles Leben zu Lande und zu Wasser. Die Sintflut schien ihm ein probates Mittel dafür zu sein, dass wirklich auch alles Leben von der Erde fernblieb. Noach durfte mit seiner Familie das sündige Treiben auf der Erde verlassen und auf dem Schiff und mit den Tieren Neues beginnen lassen. Es sollte ein radikaler Neuanfang sein.

Nachdem sich das Wasser der Sintflut zu einem großen Meer entwickelt hatte, befahl GOTT Noach, er solle gemeinsam mit seiner Familie in der Arche und mit den verschiedenen Arten von Tieren auf den Wellen der Sintflut fahren.

 Nach 40Tagen öffnete Noach ein Fenster des Schiffes und sah, wie der Regen sich gelegt hatte und Festland zu erkennen war. Dann segnete Gott Noach und seine Söhne mit deren Frauen und sprach: ***Seid fruchtbar, mehrt euch und seid fruchtbar und füllt die Erde.*** Gott hat Noach eine Menge zugemutet. Ein Boot zu bauen und ins Ungewisse auf dem Wasser mit seiner Familie und den Tieren vor dem Wasser zu fliehen. Eine biblische Geschichte mit einem lebensrelevanten Hintergrund. Diese biblische Geschichte ist es wohl wert, sie in unsere Lebenswirklichkeit zu projizieren. In der Schrift heißt es: Das Wasser steigt unentwegt und stetig. Wer kennt nicht das Gefühl, wenn einem das Wasser bis zum Halse steht? Nichts geht mehr. Alles, was man sich erarbeitet hat und was einem lieb geworden ist, soll man vergessen. Liebgewordenes soll zurückgelassen werden. Die Kräfte verlassen uns und das Ungemach zieht sich am Hals nach oben. Es droht das Ertrinken. Aber dann erwischt man den rettenden Halm. Solche Momente kennt denke ich jeder. Die Bibel erzählt von vielen Geschichten, in denen Menschen vom Sturm überrascht wurden und gerettet werden mussten. Das „Element Wasser" ist für uns Menschen und auch für alle anderen Lebewesen ein Überlebensmittel. Im Bereich der Hygiene ist das Wasser unerlässlich und für die Gesundheit ist es unentbehrlich. Das Wasser kann sich in fast allen Aggregatzuständen verwandeln. Diese Eigenschaften macht das Wasser sich für viele Bereiche des Lebens wie auch der Industrie nutzbar. Zugleich ist Wasser wegen ihrer Fähigkeit sich in viele Aggregatzustände verwandeln zu können zu einem wichtigen Allrounder. Für den Menschen kann das Wasser Fluch und Segen sein.

Es fordert uns oft sehr bis sehr schwer heraus, wenn wir Wasser oder Hagel oder Schnee in unterschiedlicher Menge zu bewältigen haben. Wer schon einmal mit einem Segelboot gefahren ist, der kennt das Gefühl, wie es ist, wenn es nicht weiter geht und die Zeit fast stehen bleibt bis endlich der rettende Wind wieder in die Segel bläst. Es scheint, als würde eine Ewigkeit zu Ende gehen.

Etwas oder nennen wir ihn Gott versucht dem Wind zu befehligen, wieder in die Segel zu blasen. Momente, wo nichts mehr geht, und die Zeit stehen bleibt, sind keinem unbekannt. Diese oder ähnliche Situationen können mutlos und traurig machen. Die Geschichte mit Noach und der Arche macht uns immer wieder aufmerksam und möchte daran erinnern, dass die Menschheit mit all den Freunden und Familien vor dem Schlimmsten bewahrt wurde. Gott hat die Welt mit Menschen und Tiere vor der Flut gerettet. Diese Schöpfungsgeschichte sollte uns heute mit den unglaublichen Möglichkeiten, die wir nutzen können und uns darüber freuen dürfen, nicht vergessen lassen, dass die heutigen Erholungsmöglichkeiten auch eine Schöpfungsgeschichte in sich tragen. Im Schiffbau wie in der Flugtechnik sind Meilensteine gesetzt worden. Ich denke, in keinem vorigen Jahrhundert sind so viele revolutionäre Erfindungen in der Schiffstechnik wie auch in der Luftfahrtechnik um- und eingesetzt worden. Die Kapitäne der Lüfte und der Meere haben den Globus im Touristik- Himmel voll im Griff. Dieses globale Engagement erfordert natürlicher maßen einen sehr komplexen Sicherheitsaufwand bei

Flug-und Schifffahrt. Die Sicherheit steht selbstverständlich bei jedem Flug und an Bord eines Schiffes immer an erster Stelle. Das Lied von Reinhard Mey: Über den Wolken: klingt für den Flug schon wie eine Hymne.

Die Geschichte mit der Arche Noach erinnert uns aber auch daran, dass ein Unglück oder Probleme mit vielerlei Dingen, die einen größeren persönlichen Schaden für uns darstellen nicht immer verloren sein müssen. Auch etwas persönlich Wichtiges kann mit Gottes Hilfe wieder gefunden werden. Dabei denke ich nicht nur an Gegenständliches. Auch gute Freunde können sich langsam verabschieden. Das kann sehr schmerzen. Die Hoffnung auf ein Wiedersehen sollte man aber in keinem Fall aufgeben. Gottes Liebe zu den Menschen ist grenzenlos. Ihm ist alles möglich.

Gott schenkt uns nicht das Leben, um uns zu vergessen. Das Boot kann unser Boot mit Gott sein. Mit Gott als Fährmann segeln wir immer mit dem Wind im Rücken. Die Gemeinschaft im Boot mit Gott ist für uns eine Lebensversicherung. Diese Bootsgemeinschaft trägt uns durch stürmisches Wetter und hohem Wellenschlag. Gottes Gedanke von der Nächstenliebe schließt niemanden aus.

Das Boot in jeder Besetzung kann auch jedem Sturm und jedem Streit etwas entgegensetzen. Jede Bootsgemeinschaft zeigt gerade in Momenten des offensichtlichen Unfriedens seine Geschlossenheit. Das Band der Einigkeit kann Frieden stiften und Missverständnisse auflösen. Das Boot der Arche möchte uns auch deutlich machen, dass es sich immer noch lohnt eine Lösung zu suchen. Manchmal möchten wir uns mit scheinbar unlösbaren Problemen nicht mehr weiter beschäftigen. Es ist in jedem Fall aber auch vorstellbar etwas in die Zukunft zu investieren, um noch einmal Hoffnung zu schöpfen, denn sie verlässt uns zuletzt. Die

Geschichte der Arche zeigt uns auch etwas von der Liebe Gottes zu allem, was Leben in sich trägt. Menschen und Tiere sind in besonderer Weise unter seinem Schutz gestellt. Menschen und Tiere sind uns im besonderen Maße anvertraut. So sind alle Menschen den Tieren in besonderer Weise verpflichtet. Wir Menschen haben eine Pflicht, die Tiere artgerecht zu halten und als Lebewesen zu schätzen. Die Geschichte der Arche mit den Menschen und den Tieren zeigt uns eindrucksvoll, wie jedwedes Tier umsorgt, versorgt und als Lebewesen geschätzt werden sollte. Jeder, der schon einmal eine längere Zeit sein zuhause mit einem Haustier geteilt hat, der weiß diese gemeinsame Zeit zu schätzen und sich daran erinnern. Ein Tier mag keinen Menschen ersetzen können, aber ganz viele schöne Erlebnisse bleiben nach dem Fortgang eines Haustieres lebendig. An dieser Stelle möchte ich den Haustieren auch einen Platz im Boot des Lebens zuschreiben. Natürlich ist keine Bootsgemeinschaft aufgefordert, auf jeden Fall ein Haustier mit ins Familienboot zu nehmen. Eine optionale Entscheidung scheint mir vernünftig.

Ein altes Segelboot und HANDELSSCHIFF

Die Bezeichnung für dieses Schiff lautet: Ein alt**es Handelsschiff.**

Die Handelsschifffahrt weist darauf hin, dass mit diesen Schiffen Nahrungsmittel und Sachen des täglichen Gebrauchs befördert wurden. Die fremde, andere, neue weite Welt wurde mit der alten Welt bekannt gemacht. Der Handel und das Tauschen auf vielerlei Ebenen brachten die weiten Welten näher zueinander. Im guten Sinne war diese Entwicklung auch ein karitativer Prozess. Die Zeit der Sehnsucht nach der anderen

Kultur und den Menschen nahm langsam, aber stetig zu. Es war jetzt an der Zeit, im Handel auf allen Ebenen Fortschritte zu erzielen. Die Handelsbezirke und die Entfernungen spielten immer weniger eine Rolle. Das Kapital regelte den Handel.

Findige Kaufleute taten sich mit potenten Unternehmern zusammen und es wurde weltweit gekauft und wieder verkauft. Der Handel weitete sich zu Wasser, über den Wolken und zu Lande rasant aus. Der Handel begann den Globus in Beschlag zu nehmen.

Alles Neue konnte in der Neuen- wie auch in der Alten- bekannten Welt ausgetauscht, bewundert und erworben werden. Es war, wenn man so will, eine win win Situation entstanden. Es geht für uns heute der Handel mit dem Wandel einher. Der Weg des Wandels beeinflusst den Handel. Die Frage nach dem „Königsweg" bleibt in unserer komplexen Welt meistens auf der Strecke. Die Zukunft der Verständigung möchte ich in vielen Bereichen und auf unterschiedlichen Ebenen als ausbaufähig bezeichnen. Die Bootsführer der Welt und damit möchte ich die Politikkapitäne wie sie auch manchmal genannt werden erwähnen, haben ein ganz besonderes Boot zu führen. Die unterschiedlichen Boote der Politik müssen gesteuert, gewartet, gepflegt und gut navigiert werden. Die politisch geführten und mit vielen Koordinaten versehenen Boote der Länder und deren Handel und der Völkerverständigung haben für die Menschen auf unserem Globus Enormes geleistet. Die Schiffe und die Boote mit den Kapitänen konnten nur durch das Mittun der ganzen Bootsmannschaft Hervorragendes erreichen. Das bedeutet auch, dass das Zusammenspiel aller an Bord ganz Besonderes zustande bringen kann. Das professionelle Zusammenspiel aller Bootsmitglieder macht die Leistung der gesamten Crow so wertvoll.

Jeder Einzelne hat ein Lob und Anerkennung für seine Leistung verdient. Bei der Leistung jedes Einzelnen darf nicht vergessen werden, dass nur die gesamte Mannschaft zum Erfolg letzig geführt hat. Der Kapitän muss seiner Mannschaft vollkommen vertrauen. Auf dem Schiff ist der Kapitän derjenige, dem man vertrauen kann. Im Leben dürfen wir auf Gott vertrauen. Wenn wir im Boot des Lebens sitzen, dürfen wir uns getrost Gott anvertrauen. Wer fürchtet sich nicht vor einem Sturm oder dicke Wolken auf hoher See? Das Zusammenspiel zwischen den Menschen in stürmischer Wetterlage und dem Kapitän kann aufgeregt und beängstigend sein. Das Vertrauen in die Kompetenz des Kapitäns mit seiner Mannschaft ist oft alternativlos. Der Kapitän war in seiner Führungsrolle nur dem Reeder verantwortlich Ein gesundes Vertrauen in die guten nautischen Fähigkeiten und Kenntnisse sollte man vor jeder Kreuzfahrt dem Kapitän und seiner Mannschaft entgegenbringen.

Das Containerschiff

Eine neue Generation von Frachtschiffen hat sich mit den Containerschiffen auf den Weltmeeren etabliert. Viele Vorteile gegenüber den Vorgängerlastenschiffen machten den Generationenwechsel vom Versorgungsschiff zum Containerschiff folgerichtig und geboten. Es konnte durch das Stapeln und Verankern der einzelnen Container mehr Ware per Schiff befördert werden. Die Container können jetzt durch eine kluge Stapelung und Vertäuung gegen horizontale, wie gegen vertikale Kräfte und Verschiebung sicher auf dem Schiff verankert werden. Die großen Verladehäfen z.B. in Hamburg und der größte Containerverladehafen in Europa befindet sich in Rotterdam, Holland. Der größte Containerverladehafen der Welt befindet sich in China in Shanghai. Durch das ineinander verzahnte Stapelsystem kann das Last Gut sicher in jeden Winkel der Welt verbracht werden. Die Verladehäfen in Rotterdam und in Hamburg werden zu fast 100% vollautomatisch betrieben. Das bedeutet eine kurze und sichere Aus- und Beladezeit. Die Schiffs- Crow wurde gegenüber der alten Lastenbeförderung auf ein absolutes Minimum eingespart. Durch das wenige Personal auf diesen Schiffen sind die anfallenden und wichtigen Arbeiten sehr konzentriert und verantwortlich auszuführen. Dabei muss jeder wissen, was er zu tun hat und erledigen muss. Die Containerschifffahrt kann die Gewähr übernehmen mittels nötiger Kühlketten zur Sicherstellung der gesundheitlichen Unversehrtheit und vieler Dinge des täglichen Gebrauch und für viele Unternehmen der Industrie. Alle Bestellungen aus unterschiedlichen Ländern können in den großen Häfen der Welt in Containern an Ort und Stelle geliefert und weiter verladen werden. Wir dürfen, wenn wir über die Containerschifffahrt reden, sicher von einer Handelsrevolution sprechen. Es ist faszinierend zu sehen, wie im Verladehafen z.B. in Hamburg, die Container von Fahrerlosen Fahrzeugen an die vorgesehene Stelle zur Weiterbeförderung auf ein Containerschiff befördert werden. Der gesamte Lade-und Verladevorgang geschieht automatisch. Die technischen Errungenschaften haben mit der Container- Beförderung einen Meilenstein gesetzt. Aus dem kleinen Boot ist ein riesiger Player auf den Weltmeeren geworden.

Im emsländischen Hümmling war meine Kinder- und Jugendzeit ohne kleinere Gräben und Kanäle nicht vorstellbar.

Durch den moorigen Boden und den Torfabbau wurden Kultivierungsmaßnahmen notwendig. Diese hatten mittlere bis größere Grabenbreiten und Tiefen zur Folge.

Für uns Kinder boten die Moorgräben vielerlei Möglichkeiten zum Spielen. Der Dortmund-Ems-Kanal hatte für uns Kinder eine ganz besondere Freude parat. In den Sommermonaten war das Angeln eine beliebte

Beschäftigung. Im Winter, wenn das Wasser gefroren war, konnten wir wunderbar Schlittschuh und Schlittenfahren. Diese Aktionen fanden fast immer unter absoluter Verschwiegenheit gegenüber den Eltern statt. Und wo bleibt das Boot? Diese Frage ist berechtigt und soll nicht unbeantwortet bleiben. Das eigentliche Ziel und die wichtigste Motivation jeder Bootsgemeinschaft verstehen sich im Wesentlichen in der Durchführung gemeinsamer Aktionen. Vor jeder gemeinsamen Aktion findet auch ein Abwägungsprozess statt. Ein „für" oder ein „dagegen" muss Schluss und endlich das weitere Prozedere bestimmen. Eigentlich waren unser Wille und der Wunsch, gemeinsam etwas zu erleben und   Spaß wie auch Freude mit überschaubaren Möglichkeiten und im Kollektiv zu erfahren. Das war immer der Plan. Boot im Sinne der gemeinsamen Verständigung und als wichtige, kollektive Entscheidungs- und Motivationskraft spielte damals genauso wie heutzutage eine wichtige Rolle. Der Kanal hatte für uns Kinder schon eine magische Anziehungskraft. Die Gräben und Kanäle waren allgegenwärtig. In der größeren Stadt „Papenburg" im Emsland gab es damals und heute auch noch fast keine Straße, an der kein Kanal längs verlief. Es waren die moorigen Böden, die entwässert werden mussten. Wer ein Wohnhaus bauen wollte und einen Garten bestellen möchte, musste zuallererst das Hochmoor abtragen. Wer heute durch die schöne Stadt „Papenburg" fährt, wird überall auf den Kanälen Segelboote und Motorboote bewundern können. Einige Schiffe wurden von den Auszubildenen der Meyer Werft gebaut.

Viele ältere Kapitänshäuser sind ebenso zu bewundern. Eine besondere Sehenswürdigkeit hat die Von-Fehlen- Anlage zu bieten. Hier können Häuser und Gebrauchsgegenstände aus vergangenen Zeiten besichtigt werden.

Durch den Besuch der Anlage bekommt man eine gute Vorstellung von dem Leben mit dem Moor und den Kanälen. Das Moor bot für viele

Erwachsene und auch für etwas ältere Kinder und Jugendliche die Möglichkeit, ein wenig Geld zu verdienen. Die großen Moorflächen wurden mit mächtigen Gerätschaften bearbeitet und die noch feuchten Torfstühle mussten zunächst trocknen und später aufgesammelt werden.

Damals war diese Arbeit für viele Familien eine alternativlose Arbeitsbeschaffung, die den Lebensunterhalt damit wesentlich bestreiten konnte. Die Landwirtschaft, die Meyer Werft und die Torfverarbeitung waren für viele Familien existenziell. Die Meyer Werft ist mit Abstand der größte Arbeitgeber in der Region. Die Werft baut Schiffe der Superklasse. Nach jedem Stapellauf schließt sich eine riskante Fahrt an. Damit das große Schiff genügend Wasser unter dem Kiel bekommt und die rettende Nordsee erreicht ist, müssen noch viele riskante Örtlichkeiten passiert werden. Es ist immer wieder ein großes Spektakel im guten Sinne, wenn so ein mächtiges, großes Schiff auf die Reise geht. Viele Schaulustige begleiten das neue Schiff und freuen sich und feiern die Schiffsgeburt. Es ist schon eine große Leistung so ein Riesenkreuzfahrschiff von der Kiellegung bis zur Endmontage fertig zu stellen. Viele Arbeitsstunden der Werftmitarbeiter und der Zulieferer waren nötig, damit so ein großes Passagierschiff auf große Fahrt gehen kann. So eine Leistung ist nur zu meistern, wenn alle beteiligten Mitarbeiter wissen, was getan werden muss und sich jedes Gewerk auf die nächsten notwendigen Bearbeitungsschritte verlassen kann. Teamwork ist wohl das Zauberwort.

Die riesigen Super-Kreuzfahrtschiffe sind auf allen Weltmeeren zuhause. Es sind kleine Städte auf See.

Wer zum ersten Mal auf einem Kreuzfahrtschiff einen Urlaub verbringen möchte, ist gut beraten, sich genügend Information zu besorgen und diese zu studieren. Da ich schon mehrfach das Ausdocken großer Schiffe miterleben dürfte, waren mir die äußerlichen Dimensionen nicht unbekannt. Es ist schon ein erhebendes Gefühl, wenn man auf dem Deich steht und sieht, wie ein schwimmendes Hochhaus sich seinen Weg durch das Wasser sucht. Tausende Schaulustige aus der ganzen Republik stehen auf den Deichen und staunen und feiern das Ausdocken und die Fahrt auf der Ems bis zur Nordsee. Ich hatte das Glück, einmal eine Schiffsreise mit einem Kreuzfahrtschiff und mit meiner Frau machen zu dürfen. In der Zeit bis zum Ablegen im Hafen von Barcelona war ich sehr mit mir und den Gedanken beschäftigt, wie es wohl sein würde. Viele Fragen suchten nach Antworten.

Im Hafen von Barcelona sah ich zum ersten Mal das mächtig-große Schiff. Es war gefühlt viel größer und mächtiger in ihren Dimensionen als ich mir das vorgestellt hatte. Ich fühlte mich beim Anblick des Schiffes wie ein Zwerg.

Bevor wir das Schiff von innen betreten konnten, mussten sich alle Passagiere einer Personenkontrolle unterziehen. Es war das gleiche Procedere wie auch an jedem Flughafen vor dem Flug. Das Einchecken verlief reibungslos. Ich habe mich manchmal gefragt, ob die Prozedur wirklich auch noch einmal auf dem Schiff notwendigerweise hätte stattfinden müssen. Die Eincheckhalle im Inneren des Schiffes glich sehr dem im Flughafen. Nachdem alles gescheckt war, kamen wir weiter in das Innere des Schiffes. Man konnte die Aufregung und die Spannung in den Gesichtern der Passagiere sehen und spüren. Die Anspannung und die Erwartung auf das, was man erleben würde, stand den meisten ins Gesicht geschrieben. Auch wir, meine Frau und ich konnten die Spannung nicht verbergen. Es waren nur noch einige Meter bis zum Eintritt in das Wagnis „Kreuzfahrt". Was würde uns erwarten? Waren die Bedenken für dieses Abendteuer berechtigt oder zu vernachlässigen? Die Liste der Fragen wurde bis zum Eintritt immer länger. Als wir das Schiff betraten, waren zugleich alle Bedenken wie weggeblasen. Es eröffnete uns eine sehr schöne und unbekannte andere Welt. Wir tauchten in eine Illusion der Superlative ein. Wenn ich mein Empfinden beim Eintreten in den Superliner als Illusion beschreibe, dann drückt das wohl besser meine Unfassbarkeit aus.

Sorrento's

Beim Eintreten in das Innere des Schiffes war ich zuerst etwas verwirrt. Mir kam spontan der Gedanke, mich womöglich verlaufen zu haben. Was ich dann sah, verschlug mir die Sprache. Ich hatte den Eindruck, mich auf einer Fußgängerzone in einer Kleinstadt zu befinden.

Der gepflasterte Bodenbelag und die vielen kleinen Verkaufsstände vermittelten mir eine sehr realistische Utopie von einer Fußgängerzone wie sie in vielen Kleinstädten zu finden sind. Überall waren Musikanten zu hören und auf kleine Balkone platziert. Viele Möglichkeiten Kaffee zu trinken oder sich anderen Getränken zuzuwenden. Für Leib und Seele konnte man aus einem bunten Straus von Möglichkeiten schöpfen. Diverse Vorführungen und Umzüge aufwendig gestaltet und professionell vorgetragen standen zur Aufführung auf dem Plan. Alle Aufführungen zeigten höchste Professionalität. Meine Frau und ich haben uns gerne und oft die Darbietungen angeschaut. Viele kleine Verkaufsstände und Läden machten den Charm einer intakten Fußgängerzone komplett. Mich haben die vielen kleinen Gruppen neugierig gemacht, die den Gästen versucht haben in kleinen Gruppen südamerikanische Tanzübungen beizubringen. Diese Zone hatte für jeden Gast etwas Interessantes zu bieten.

Man fühlte sich vom Beginn des Betretens des Schiffes an in einer neuen, anderen Lebenswelt gut geführt und sicher untergebracht. Durch die wunderschönen Geschäfte und die Unterhaltungspassage war es ein angenehmer und stilvoller Beginn in eine sehr schöne Schiffsreise. Die gewaltigen Dimensionen mussten jetzt erkundet und bestaunt werden. Man bekommt schnell eine Vorstellung von den unfassbaren Ausmaßen des Schiffes. Wer noch nie eine Kreuzfahrt erlebt hat, kann sich solche Dimensionen und Emotionen nicht vorstellen. Die Kabinen waren mit Allem, was nötig war und darüber hinaus ausgestattet. Vom TV bis zu den Dingen der persönlichen Hygiene fehlte es an nichts. Die Wege zwischen den Kabinen waren lang und ausreichend breit. Auf jeder Etage befanden sich gläserne Aufzüge. Das Essen war immer etwas ganz Besonderes. Bevor man zum Sitzplatz gehen konnte, wurde man höflich, aber bestimmt angehalten damit man sich die Hände desinfizieren konnte. Diese Prozedur fand ich sehr richtig und auch wichtig. Da sich die Sonne im Mittelmeer eigentlich oft die Ehre gibt, konnten wir uns auf dem Sonnen und Bade- Deck einige Stunden von der Sonne bescheinen lassen. Am späten Nachmittag haben wir uns im Park ein schönes Plätzchen gesucht und einigen Musikern bei ihren Darbietungen Gesellschaft geleistet.

Das Bild zeigt den Park auf dem Schiff. Links und rechts von der Parkpassage sieht man die Kabinenstockwerke. Auf halben Weg des Parkes befindet sich ein Pavillon für die Musiker. Jeden Tag spielten ein paar Musiker live. Die Atmosphäre bei schönem Wetter und der Musik zu lauschen war wie Medizin für die Seele. Man vergisst schnell, dass man auf hoher See mit einem großen Schiff unterwegs ist. Die Planer der Garten-bzw. der Parkanlage haben an alles Gedacht und in außergewöhnlicher Art und Weise eine Parklandschaft geschaffen, die allergrößten Respekt gebührt. Niemals hätte ich gedacht und mir vorstellen können, dass so ein Garten als architektonisches Kleinod auf einem Schiff in solch präziser Umsetzung überhaupt möglich sein könnte. Ich bin sehr froh und dankbar, dass ich dieses außergewöhnliche Meisterstück der Gartenbauarchitektur betrachten und genießen durfte.

Ich habe mich öfters auch allein in den Park gesetzt und ein Buch gelesen. Man hatte schnell das Gefühl irgendwo in der Stadt im Park zu sitzen. Dieser Park konnte mit guter Musik und für einige Zeit Ruhe und Muße schenken. Viele junge und sehr talentierte Musiker haben mit ihren Instrumenten die Herzen auch der verwundeten und kranken Seelen für einige Zeit in Freude versetzen können. Für mich war dieser Park mehr als eine Parkanlage. Er hat mir zu jeder Zeit Muße und Gelassenheit geschenkt. Der Park war nicht nur für mich eine wichtige Ruhe und ein Rückzugsort. Der Park war sicher auch für viele Passagiere ein Ort, der Erinnerungen wachruft.

Vor allen Dingen lädt der Park zum Träumen ein. Und dann verabschiedet man sich für einige Zeit aus der Gegenwart. So ein kurzer Abschied aus der Gegenwart kann uns manchmal hilfreich sein und guttun. Abschalten und den Alltag, Alltag sein lassen, ist für Menschen mit vielen Aufgaben und Verantwortlichkeiten nicht unbedingt die erste Option. Dabei ist das Abschalten vom Alltag, ein Geschenk. Wir investieren einige Minuten der Regenerierung und bekommen dafür einen klaren Kopf, innovative Gedanken und eine Portion Kreativität. Und das ist alles kostenlos.

Die vielen Stockwerke konnten bequem mit gläsernen Aufzügen erreicht werden. An bestimmten Örtlichkeiten waren immer genügend Fahrmöglichkeiten in die Höhe wie nach unten vorhanden. Wer sportlich und sich genügend fit fühlte, konnte sich eine Treppe seiner Wahl aussuchen. Nicht vergessen und besonders hervorheben möchte ich den Bereich für sportlich Engagierte und für sportlich Interessierte Gäste.

Hunderte Sportgeräte verschiedenster Art und Anwendung standen zur Auswahl und zur Verfügung. Nach einem Schlaganfall ist mein Gehradius äußerst eingeschränkt. Trotzdem war ich überwältigt von den sportlichen Möglichkeiten auf dem Schiff.

Den großen Bereich der musischen Unterhaltung möchte ich nicht unterschlagen. Neben den vielen kleinen Musikbands waren viele Solomusiker zu hören. Das Repertoire der Bands war gut durchdacht und professionell vorgetragen. Es gab auch die Möglichkeit bei sehr guter Musik das Tanzbein   zu schwingen. Große und aufwendige Shows konnten auf zwei Bühnen besichtigt und gehört werden. Ein exzellent und für jeden Geschmack und in diversen Formaten gestaltetes Programm hatte für jeden Gast ein Angebot parat. Die musikalischen, wie auch die akrobatischen Darbietungen waren auf der Bühne, im Wasser und auf der Eisfläche" großes Kino". Genauso hatten die Einzelvorstellungen im musischen, künstlerischen und akrobatischen Bereich schon Weltniveau. Exzellente Musiker und Sänger und Sängerinnen begeisterten die Zuschauer.   Der enorme Sitzplatzbereich ließ sich mit so manchem Theaterhaus in einer Großstadt vergleichen.

Die Service-Trupps in den Vergnügungsbereichen und in den Essensräumlichkeiten waren sehr motiviert und kompetent. Es ist schon eine Herkulesaufgabe den über tausend Gästen ein Gefühl zu vermitteln, den Alltag wie im Traum vergessen zu lassen. Der Kojen-Service hat fast wie von Geisterhand alle Arbeiten erledigt.

Eine kleine Kritik möchte ich aber noch loswerden. Die Länge des Schiffes mit den notwendigen Fuß-u. Gehwegen machte mir einige Mühe und nahm mir einiges an körperlicher Fitness. Ich hätte mich sehr über eine Möglichkeit gefreut, eine Weile in einem Raum der Stille Inne halten zu können. Mit einem Bild oder einem Kreuz an der Wand und ein paar Stühlen wäre eine schöne Ruhe-Oase komplett.

Schlußbemerkungen

Zusammenfassend möchte ich zum Thema „Boot" noch folgendes ergänzen. Über die Funktionalität und die diversen Formen von Booten ist meinerseits genügend geschrieben worden. Mir war es ein Bedürfnis vor allem den eigentlichen Schatz in der Bootsbetrachtung deutlich zu machen. Die besondere Schutz- und Schatzbetrachtung führt mich ausnahmslos zu unserem Schöpfer. Mit der Gründung kleiner Gruppen als Familienverbünde stellt sich der Kreis wie keine andere geometrische Form für Gruppen und Familien in einer akzeptable Gemeinschafts- und Familienformation dar. Kein anderes geometrisches Format kann die sinnstiftende Form in fast allen Lebensbereichen so eindrucksvoll abbilden. Der Kreis in jeder Art und Verwendung macht uns die ganze Komplexität des Lebens deutlich. Unser ganzes Tun in jeglicher Form ist einer Ewigkeit anvertraut. Der Kreis kennt kein Ende. Es gibt nur einen Anfang, den wir bestimmen können Er kann nur durch unsere Verweigerung und durch unser Eingreifen in eine andere Form geändert und kann als Fragment weiter existieren. Die Form des Kreises bietet dem Menschen eine Möglichkeit, Gemeinschaft und Sicherheit zu erleben. In vielen Gruppen und Zusammenkünften bietet der Kreis im Bereich der Information und der Kommunikation eine enorme Bedeutung. Die Anordnung der Teilnehmer in einem Kreis lässt alle jeden in die Augen schauen. Beim Diskutieren kann keiner übersehen werden. Man ist so zu sagen in jeder Beziehung im- Face to Face Modus. Nicht zu unterschätzen ist die Tatsache, dass sich niemand überflüssig und nicht gesehen fühlen kann. Im Kreis sitzen wir alle in einer kollektiven und inspirierenden Gruppe. Der gemeinschaftliche Aspekt darf nicht unterschätzt und vergessen werden. Eine gute Gemeinschaft kann man nicht herbeireden.

Oftmals möchte man sie irgendwo bestellen, die guten und schönen Kreise. Zum Glück gibt es sie, die Kreise mit viel Lebensfreude und vor allem mit viel Gemeinschaftssinn in den Booten des Lebens in der Familie, im Berufsleben u.v.m. Alle Boote des Lebens sind unverzichtbare Helfer für ein gutes Überleben. Der Schlüssel für eine gute Bootsgemeinschaft ist die Nächstenliebe. Sie ist eine Voraussetzung, wenn die Gemeinschaft an Freude wächst und nachhaltig wachsen soll. Dabei ist jedes Mitglied ein wichtiges Glied in der Gemeinschaft. Die Nächstenliebe ist der Kitt, der unverzichtbar die Bootsgemeinschaft zusammenhält. Das aufmerksame und das helfende Moment sind wichtige Indikatoren für eine gute Bootsgemeinschaft. In einer Bootsgemeinschaft sollten alle Mitglieder aufeinander achtgeben. Einzelaktionen müssen manchmal sein, nur sollten sie der Gemeinschaft frühzeitig bekannt sein. Das Profil einer Bootgemeinschaft richtet sich wohl in erster Linie nach den Erfordernissen. Eine gewisse Flexibilität in bestimmten Notlagen müssen im Einzelfall betrachtet und entschieden werden. Bei allen Aktionen, die besondere Aufmerksamkeit bedürfen und Entscheidungen notwendig machen, ist eine gemeinschaftliche Endscheidung ratsam. Besonders im Boot der Familie sind gemeinsames Handeln und Gespräche im Vorfeld unumgänglich. Das Familienboot gerät in eine Schieflage, wenn Probleme nicht mit der ganzen Familie besprochen und Lösungen nicht gemeinsam gefunden und getroffen wurden. Jedes Boot wird sinken, wenn nicht die Nächstenliebe eine Rolle spielt. Jeder, der in einem Boot sitzt, muss geachtet werden. Diskussion und Auseinandersetzungen sollten für die ganze Besatzung immer einen für alle erträglichen Ausgang finden. Die Nächstenliebe ist der Kitt, dem wir vertrauen dürfen. Im Wasser des Lebens müssen viele Stürme und hohe Wellen durchlebt werden. Dafür brauchen wir oft gute Nerven und verlässliche Freunde. Diese verlässlichen Freunde gibt es wirklich. Freunde kann man sich nicht kaufen. Freunde sind Gottesgeschenke. Sie machen uns darauf aufmerksam, dass es wirklich etwas Gutes gibt. Vieles im Leben ist mühsam und macht uns traurig und mutlos. Freunde stehen uns wohlwollend zur Seite. Eine gute Bootsgemeinschaft stellt uns Gott zur Seite. Jede gute Bootsgemeinschaft verliert Gott nicht aus den Augen. Diese Hoffnung dürfen wir haben und damit leben.

Inhaltsverzeichnis

Einführung 1

Wir sitzen alle in einem Boot 1

Das Familienboot 5

Das politische Boot..9

Das Boot im Sport 11

Das Boot der Ruderer...13

Das Unterseeboot oder auch U-Boot genannt.........................16

Ein altes Segelboot und HANDELSSCHIFF 23

Das Containerschiff..26

Schlußbemerkungen 40

Printed by Books on Demand GmbH, Norderstedt / Germany